Šola - škola	2
Potovanje - cesta	5
Prevoz - doprava	8
Mesto - mesto	10
Pokrajina - terén	14
Restavracija - reštaurácia	17
Supermarket - supermarket	20
Pijače - nápoje	22
Hrana - jedlo	23
Kmetija - farma	27
Hiša - dom	31
Dnevna soba - obývačka	33
Kuhinja - kuchyňa	35
Kopalnica - kúpeľňa	38
Otroška soba - detská izba	42
Oblačilo - šatstvo	44
Pisarna - kancelária	49
Gospodarstvo - hospodárstvo	51
Poklici - povolania	53
Orodje - náradie	56
Glasbeni instrument - hudobné nástroje	57
Živalski vrt - ZOO	59
Šport - šport	62
Dejavnosti - aktivity	63
Družina - rodina	67
Telo - telo	68
Bolnišnica - nemocnica	72
Nujni primer - urgentný prípad	76
Zemlja - Zem	77
Ura - hodiny	79
Teden - týždeň	80
Leto - rok	81
Oblike - tvary	83
Barve - farby	84
Nasprotja - protiklady	85
Števila - čísla	88
Jeziki - jazyky	90
Kdo / kaj / kako - kto/čo/ako	91
Kje - kde	92

AF206788

Impressum
Verlag: BABADADA GmbH, Nedderfeld 112 , 22529 Hamburg
Geschäftsführer / Verlagsleitung: Harald Hof
Druck: Books on Demand GmbH, In de Tarpen 42, 22848 Norderstedt

Imprint
Publisher: BABADADA GmbH, Nedderfeld 112 , 22529 Hamburg, Germany
Managing Director / Publishing direction: Harald Hof
Print: Books on Demand GmbH, In de Tarpen 42, 22848 Norderstedt, Germany

Šola

škola

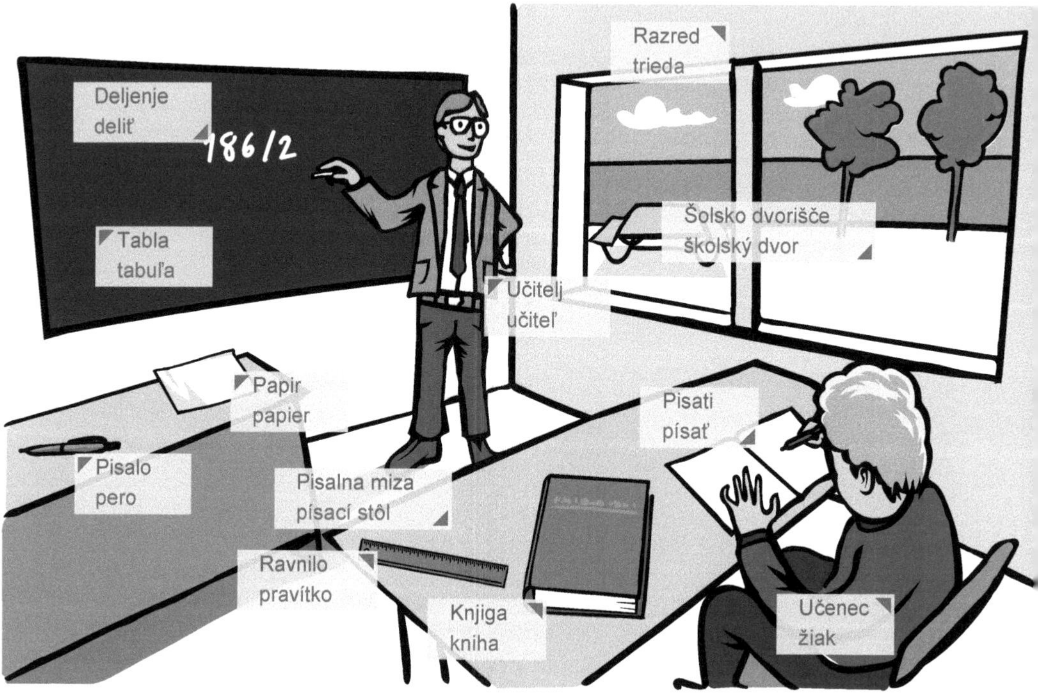
Razred
trieda
Deljenje
deliť
186/2
Tabla
tabuľa
Šolsko dvorišče
školský dvor
Učitelj
učiteľ
Papir
papier
Pisati
písať
Pisalo
pero
Pisalna miza
písací stôl
Ravnilo
pravítko
Knjiga
kniha
Učenec
žiak

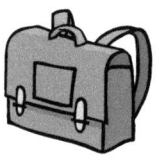

Šolska torba

školská taška

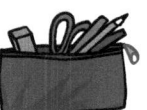

Peresnica

peračník

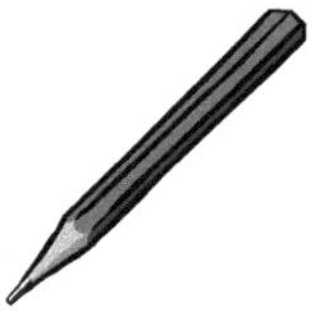

Svinčnik

ceruza

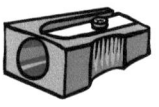

Šilček

strúhadlo na ceruzky

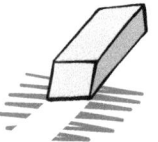

Radirka

guma

Risalni blok

skicár

Risba

kresba

Čopič

štetec

Vodene barvice

vodové farby

Škarje

nožnice

Lepilo

lepidlo

Zvezek

cvičný zošit

Domača naloga

domáca úloha

12

Število

číslo

2+2

Seštevanje

sčítať

5-2

Odštevanje

odčítať

2×2

Množenje

násobiť

Računanje

počítať

Črka

písmeno

ABCDEFG HIJKLMN OPQRSTU VWXYZ

Abeceda

abeceda

Beseda

slovo

Besedilo

text

Brati

čítať

Kreda

krieda

Učna ura

hodina

Redovalnica

triedna kniha

Preizkus znanja

skúška

Spričevalo

certifikát

Šolska uniforma

školská uniforma

Izobrazba

vzdelanie

Enciklopedija

encyklopédia

Univerza

univerzita

Mikroskop

mikroskop

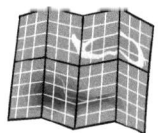

Zemljevid

mapa

Koš za smeti

kôš na papier

Hotel
hotel

Grand

Hostel
nocľaháreň

ROOMS

Menjalnica
zmenáreň

EXCHANGE

Kovček
kufor

Avtomobil
auto

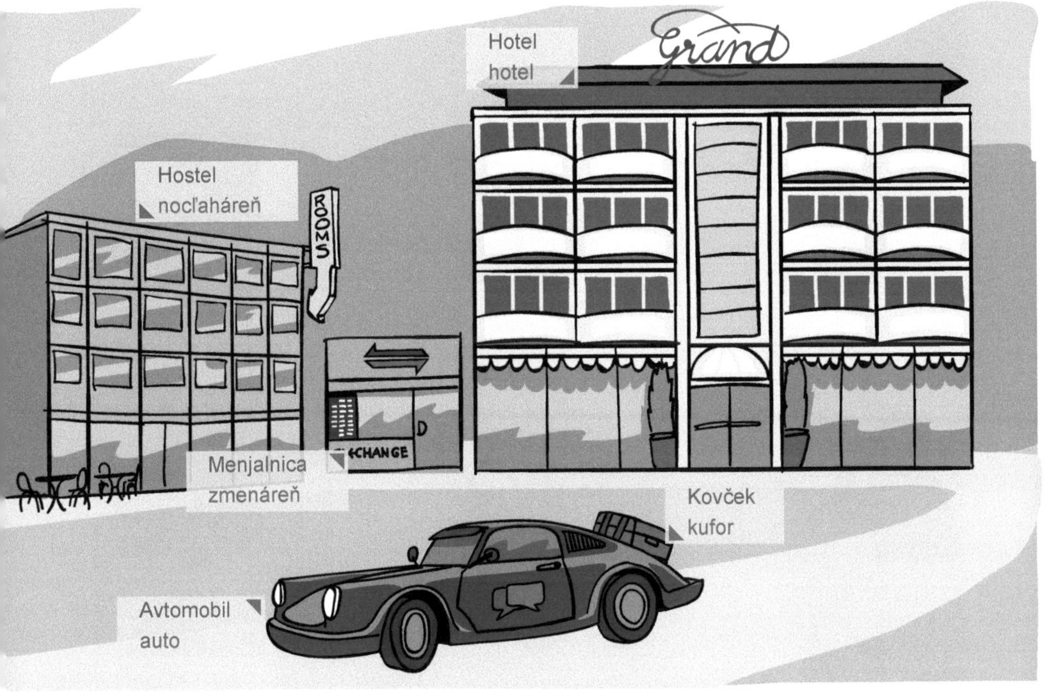

Jezik

jazyk

da / ne

áno/nie

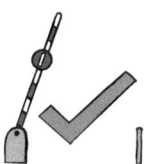

Prav

v poriadku

Pozdravljeni

ahoj

Prevajalec

prekladateľ

Hvala

ďakujem

Koliko stane…?

Koľko stojí … ?

Ne razumem

Nerozumiem

Težava

problém

Dober večer!

Dobrý večer!

Dobro jutro!

Dobré ráno!

Lahko noč!

Dobrú noc!

Nasvidenje

Dovidenia

Smer

smer

Prtljaga

batožina

Torba

taška

Nahrbtnik

batoh

Gost

hosť

Soba

izba

Spalna vreča

spacák

Šotor

stan

Turistične informacije	Plaža	Kreditna kartica
informácie pre turistov	pláž	kreditná karta

Zajtrk	Kosilo	Večerja
raňajky	obed	večera

Vozovnica	Dvigalo	Znamka
cestovný lístok	výťah	poštová známka

Meja	Carina	Veleposlaništvo
hranica	clo	veľvyslanectvo

Vizum	Potni list	
vízum	cestovný pas	

Prevoz
doprava

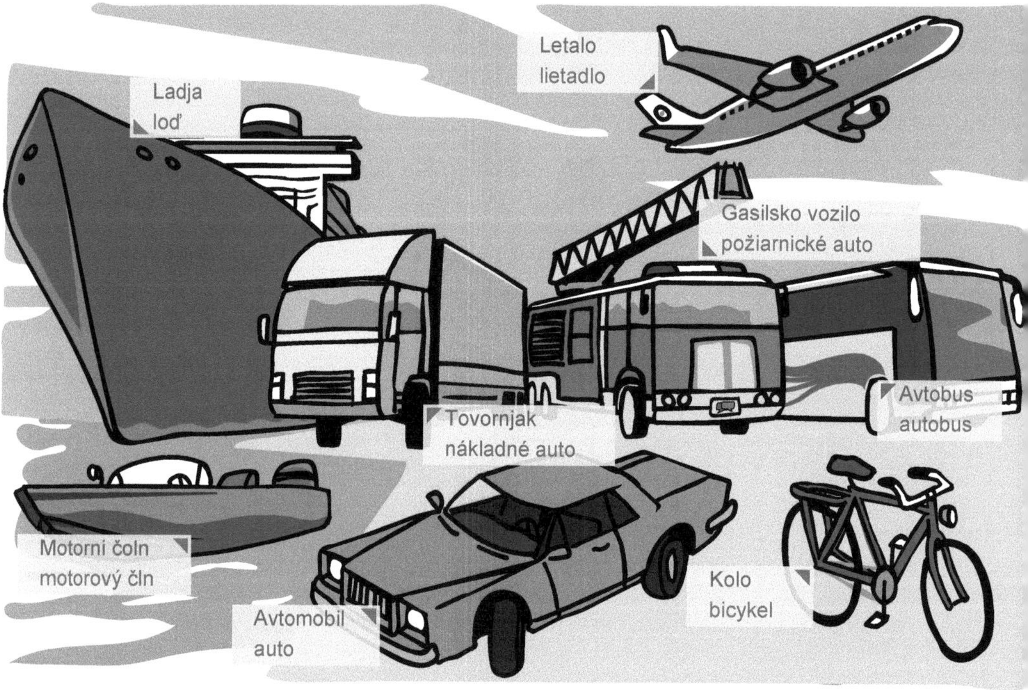

Letalo
lietadlo
Ladja
loď
Gasilsko vozilo
požiarnické auto
Avtobus
autobus
Tovornjak
nákladné auto
Motorni čoln
motorový čln
Kolo
bicykel
Avtomobil
auto

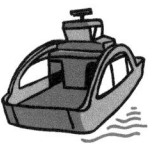

Trajekt

trajekt

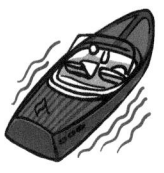

Čoln

loď

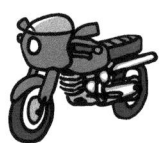

Motorno kolo

motorka

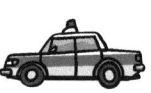

Policijski avto

policajné auto

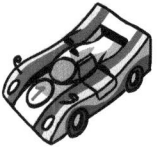

Dirkalni avto

pretekárske auto

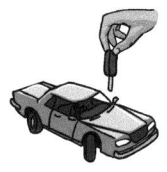

Najeto vozilo

vozidlo z požičovne

Souporaba avtomobila

carsharing

Avtovleka

odťahové auto

Smetarsko vozilo

smetiarske auto

Motor

motor

Gorivo

benzín

Bencinska postaja

čerpacia stanica

Prometni znak

dopravná značka

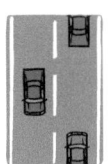

Promet

premávka

Zastoj

zápcha

Parkirišče

parkovisko

Železniška postaja

vlaková stanica

Tirnice

trate

Vlak

vlak

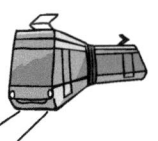

Tramvaj

električka

Vagon

vagón

Helikopter

helikoptéra

Letališče

letisko

Stolp

veža

Potnik

pasažier

Kontejner

kontajner

Karton

kartón

Voziček

vozík

Košara

kôš

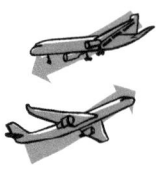

vzleteti / pristati

štartovať / pristáť

Mesto

mesto

Vas

dedina

Mestno jedro

centrum mesta

Hiša

dom

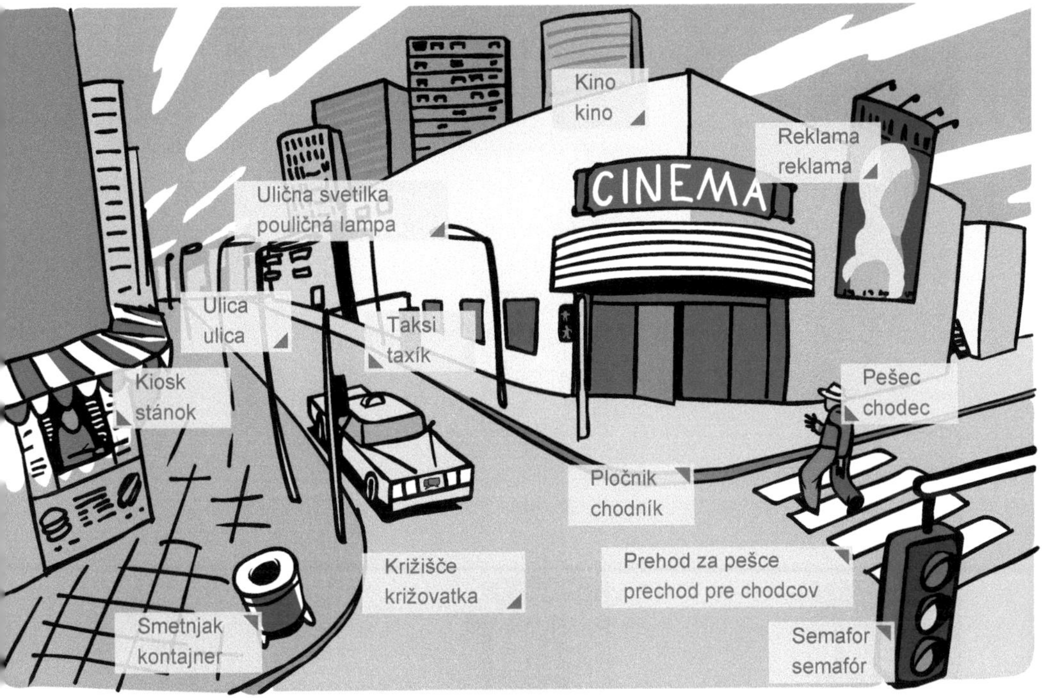

Kino
kino

Reklama
reklama

Ulična svetilka
pouličná lampa

CINEMA

Ulica
ulica

Taksi
taxík

Pešec
chodec

Kiosk
stánok

Pločnik
chodník

Križišče
križovatka

Prehod za pešce
prechod pre chodcov

Smetnjak
kontajner

Semafor
semafór

Koča

chata

Stanovanje

byt

Železniška postaja

vlaková stanica

Mestna hiša

radnica

Muzej

múzeum

Šola

škola

Univerza

univerzita

Banka

banka

Bolnišnica

nemocnica

Hotel

hotel

Lekarna

lekáreň

Pisarna

kancelária

Knjigarna

kníhkupectvo

Trgovina

obchod

Cvetličarna

kvetinárstvo

Supermarket

supermarket

Tržnica

trh

Veleblagovnica

obchodný dom

Ribarnica

obchodník s rybami

Nakupovalno središče

nákupné stredisko

Pristanišče

prístav

Park
park

Klop
lavička

Most
most

Stopnice
schody

Podzemna železnica
metro

Predor
tunel

Avtobusno postajališče
autobusová zastávka

Bar
bar

Restavracija
reštaurácia

Poštni nabiralnik
poštová schránka

Ulična tabla
tabuľa s názvom ulice

Parkirna ura
parkovacie hodiny

Živalski vrt
ZOO

Kopališče
plaváreň

Mošeja
mešita

Kmetija

farma

Onesnaževanje

znečisťovanie životného prostredia

Pokopališče

cintorín

Cerkev

kostol

Otroško igrišče

ihrisko

Tempelj

chrám

Pokrajina
terén

List
list

Kažipot
smerová tabuľa

Pot
cesta

Travnik
lúka

Kamen
kameň

Drevo
strom

Pohodnik
turista

Reka
rieka

Trava
tráva

Cvetlica
kvet

Dolina

dolina

Hrib

kopec

Jezero

jazero

Gozd

les

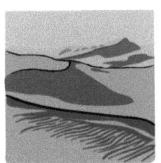

Puščava

púšť

Vulkan

vulkán

Grad

zámok

Mavrica

dúha

Goba

hríb

Palma

palma

Komar

komár

Muha

mucha

Mravlja

mravec

Čebela

včela

Pajek

pavúk

Hrošč

chrobák

Žaba

žaba

Veverica

ververička

Jež

jež

Zajec

zajac

Sova

sova

Ptič

vták

Labod

labuť

Divji prašič

diviak

Jelen

jeleň

Los

los

Jez

hrádza

Vetrnica

veterná turbína

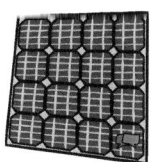

Solarna plošča

solárny panel

Podnebje

podnebie

Restavracija
reštaurácia

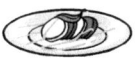

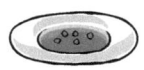

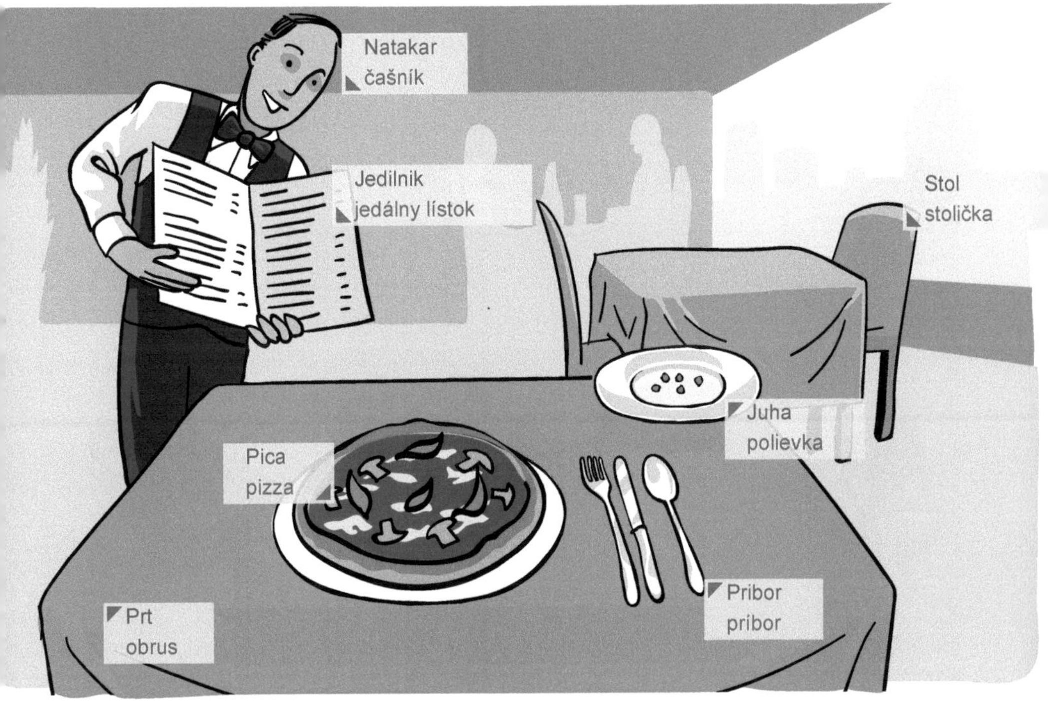

Natakar
čašník
Jedilnik
jedálny lístok
Stol
stolička
Juha
polievka
Pica
pizza
Pribor
pribor
Prt
obrus

Predjed

predjedlo

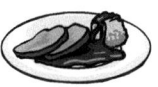

Glavna jed

hlavné jedlo

Sladica

zákusok

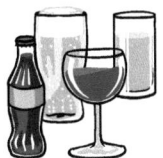

Pijače

nápoje

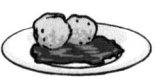

Hrana

jedlo

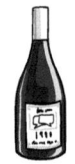

Steklenica

fľaša

Hitra hrana

fast-food

Ulična hrana

street food

Čajnik

kanvica na čaj

Sladkornica

cukornička

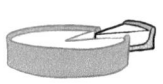

Porcija

porcia

Aparat za espresso

stroj na espresso

Stolček za hranjenje

detská stolička

Račun

účet

Pladenj

podnos

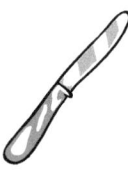

Nož

nôž

Vilica

vidlička

Žlica

lyžica

Čajna žlička

čajová lyžička

Servieta

obrúsok

Kozarec

pohár

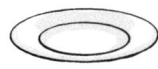

Krožnik

tanier

Globoki krožnik

hlboký tanier

Krožniček

podšálka

Omaka

omáčka

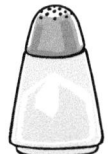

Solnica

soľnička

Mlinček za poper

mlynček na korenie

Kis

ocot

Olje

olej

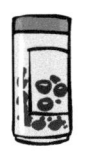

Začimbe

korenie

Kečap

kečup

Gorčica

horčica

Majoneza

majonéza

Supermarket
supermarket

Posebna ponudba
špeciálna ponuka
FOR
Stranka
klient
Mlečni izdelki
mliečne výrobky
Sadje
ovocie
Nakupovalni voziček
nákupný vozík

BUTCHERS

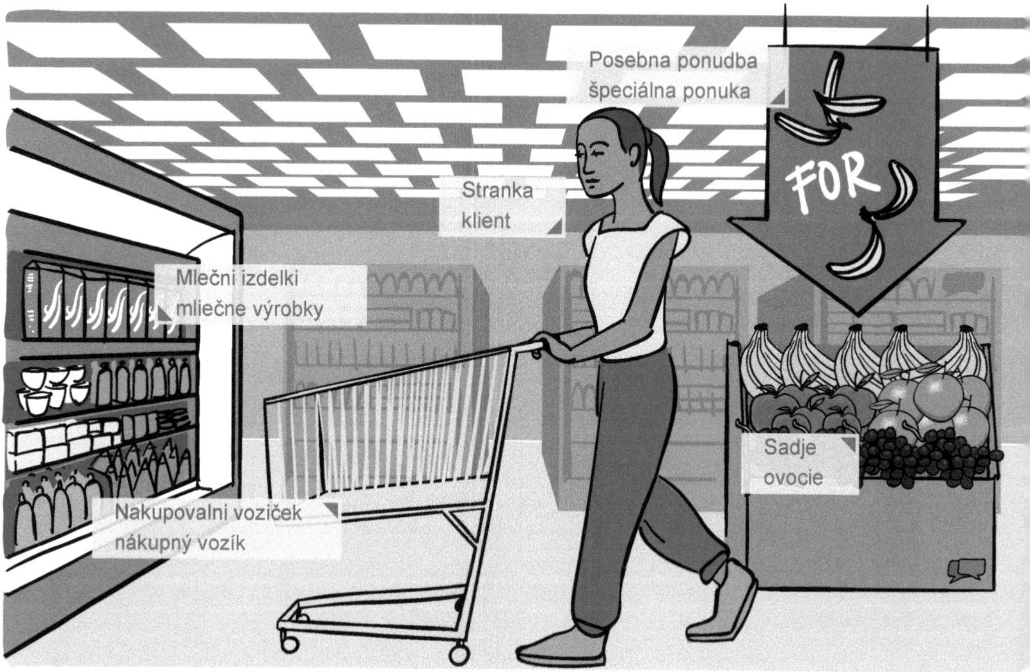

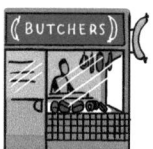

Mesnica
mäsiarstvo

BAKERY

Pekarna
pokároň

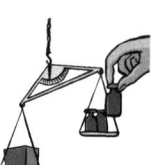

Tehtati
vážiť

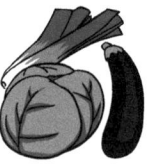

Zelenjava
zelenina

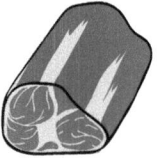

Meso
mäso

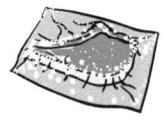

Zamrznjena hrana
mrazené potraviny

Hladne mesnine

nárez

Konzerve

konzervy

Pralni prašek

prací prostriedok

Sladkarije

sladkosti

Gospodinjski izdelki

domáce potreby

Čistilno sredstvo

čistiace prostriedky

Prodajalka

predavačka

Blagajna

pokladňa

Blagajnik

pokladník

Nakupovalni seznam

nákupný zoznam

Delovni čas

otváracie hodiny

Denarnica

peňaženka

Kreditna kartica

kreditná karta

Torba

taška

Plastična vrečka

plastové vrecko

Voda

voda

Sok

džús

Mleko

mlieko

Kola

kola

Vino

víno

Pivo

pivo

Alkohol

alkohol

Kakav

kakao

Čaj

čaj

Kava

káva

Espresso

espresso

Kapučino

kapučíno

Banana

banán

Jabolko

jablko

Pomaranča

pomaranč

Lubenica

melón

Limona

citrón

Korenje

mrkva

Česen

cesnak

Bambus

bambus

Čebula

cibuľa

Goba

hríb

Oreščki

orechy

Rezanci

rezance

Špageti

špagety

Riž

ryža

Solata

šalát

Ocvrt krompirček

hranolky

Pečen krompir

pečené zemiaky

Pica

pizza

Hamburger

hamburger

Sendvič

obložený chlebík

Zrezek

rezeň

Šunka

šunka

Salama

saláma

Klobasa

klobása

Piščanec

kurča

Pečenka

pečené mäso

Riba

ryba

Ovseni kosmiči

ovsené vločky

Musli

müsli

Koruzni kosmiči

kukuričné lupienky

Moka

múka

Rogljiček

croissant

Žemlja

pečivo

Kruh

chlieb

Prepečenec

hrianka

Piškoti

sušienky

Maslo

maslo

Skuta

tvaroh

Torta

koláč

Jajce

vajce

Pečeno jajce na oko

volské oko

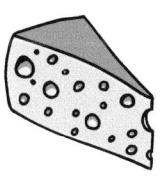

Sir

syr

Sladoled

zmrzlina

Sladkor

cukor

Med

med

Marmelada

lekvár

Čokoladni namaz

nugátová nátierka

Kari

karí korenie

Kmetija
farma

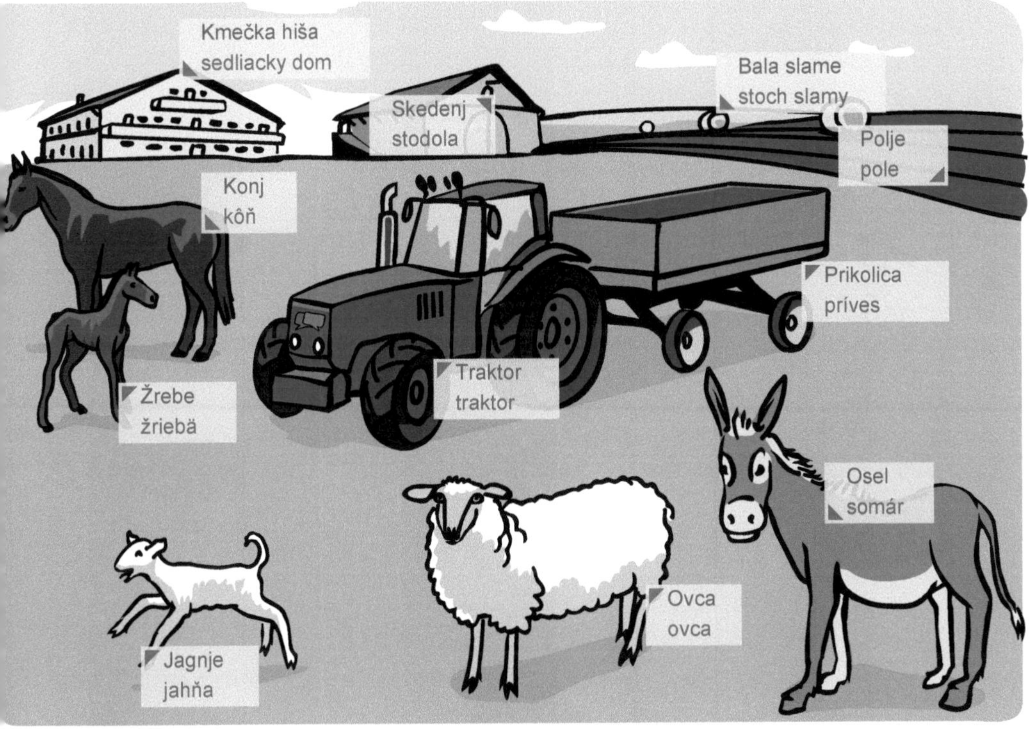

Kmečka hiša
sedliacky dom
Skedenj
stodola
Bala slame
stoch slamy
Polje
pole
Konj
kôň
Prikolica
príves
Traktor
traktor
Žrebe
žriebä
Osel
somár
Ovca
ovca
Jagnje
jahňa

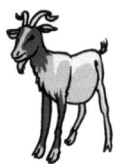

Koza
koza

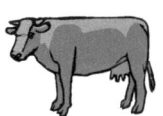

Krava
krava

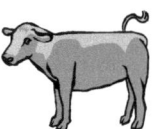

Tele
teľa

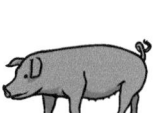

Prašič
prasa

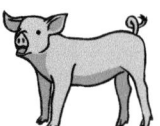

Pujsek
prasiatko

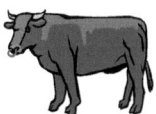

Bik
býk

Gos

hus

Raca

kačica

Piščanec

kuriatko

Kokoš

sliepka

Petelin

kohút

Podgana

potkan

Mačka

mačka

Miš

myš

Vol

vôl

Pes

pes

Pasja uta

psia búda

Cev za zalivanje

záhradná hadica

Kangla za zalivanje

krhla

Kosa

kosa

Plug

pluh

Srp

kosák

Motika

motyka

Vile

vidly na hnoj

Sekira

sekera

Samokolnica

fúrik

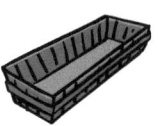

Korito

koryto

Kangla za mleko

kanva na mlieko

Vreča

vrece

Ograja

plot

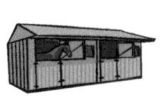

Hlev

maštaľ

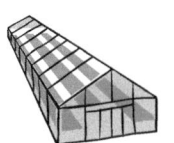

Rastlinjak

skleník

Prst

pôda

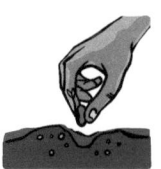

Seme

osivo

Gnojilo

hnojivo

Kombajn

kombajn

Žeti
....
žať

Žetev
....
žatva

Jam
....
batát

Pšenica
....
pšenica

Soja
....
sója

Krompir
....
zemiak

Koruza
....
kukurica

Oljna ogrščica
....
repka

Sadno drevo
....
ovocný strom

Maniok
....
maniok

Žito
....
obilie

Hiša
dom

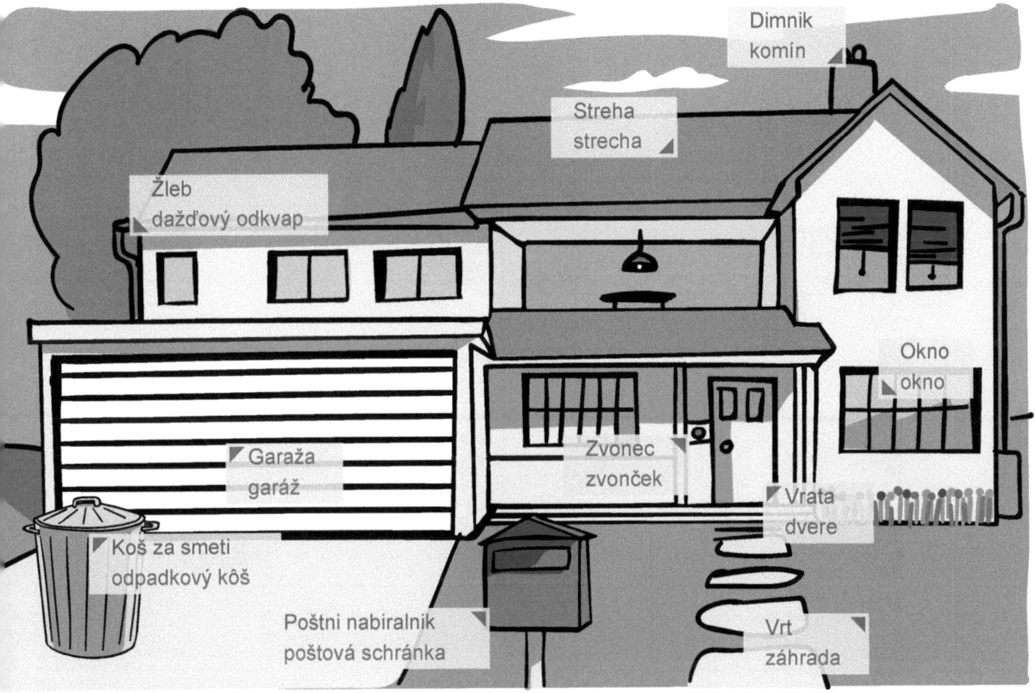

Dimnik
komín
Streha
strecha
Žleb
dažďový odkvap
Okno
okno
Garaža
garáž
Zvonec
zvonček
Vrata
dvere
Koš za smeti
odpadkový kôš
Poštni nabiralnik
poštová schránka
Vrt
záhrada

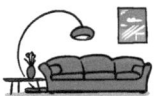

Dnevna soba
obývačka

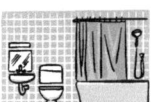

Kopalnica
kúpeľňa

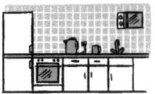

Kuhinja
kuchyňa

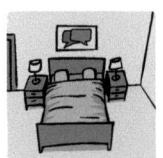

Spalnica
spálňa

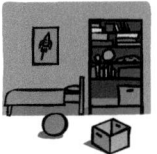

Otroška soba
detská izba

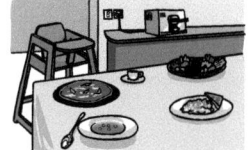

Jedilnica
jedáleň

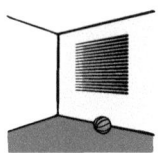

Tla

podlaha

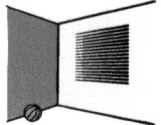

Stena

stena

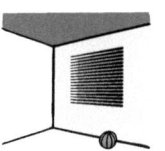

Strop

strop

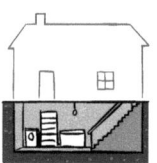

Klet

pivnica

Savna

sauna

Balkon

balkón

Terasa

terasa

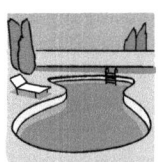

Bazen

bazén

Kosilnica

kosačka

Rjuha

obliečka

Posteljno pregrinjalo

posteľná prikrývka

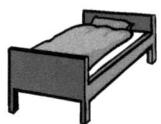

Postelja

posteľ

Metla

metla

Vedro

vedro

Stikalo

vypínač

Dnevna soba
obývačka

Tapeta
tapeta
Slika
obraz
Svetilka
lampa
Polica
regál
Omara
skriňa
Televizor
televízor
Kamin
kozub
Cvetlica
kvet
Blazina
vankúš
Zofa
pohovka
Vaza
váza
Daljinski upravljalnik
diaľkové ovládanie

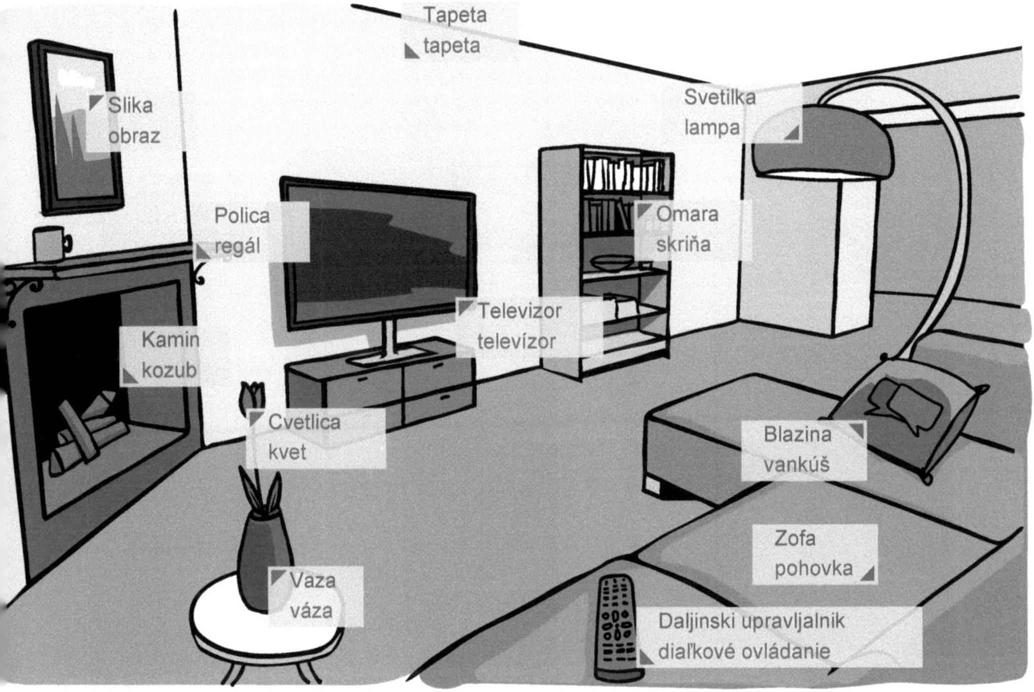

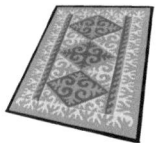

Preproga

koberec

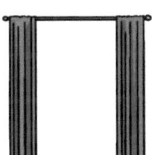

Zavesa

záclona

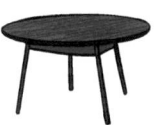

Miza

stôl

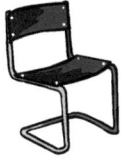

Stol

stolička

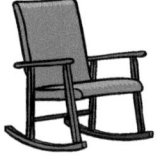

Gugalnik

hojdacie kreslo

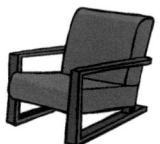

Naslanjač

kreslo

Knjiga

kniha

Odeja

prikrývka

Dekoracija

dekorácia

Drva

drevo na kúrenie

Film

film

Glasbeni stolp

hi-fi veža

Ključ

kľúč

Časopis

noviny

Slika

maľba

Plakat

plagát

Radio

rádio

Beležka

zápisník

Sesalnik

vysávač

Kaktus

kaktus

Sveča

sviečka

Kuhinja
kuchyňa

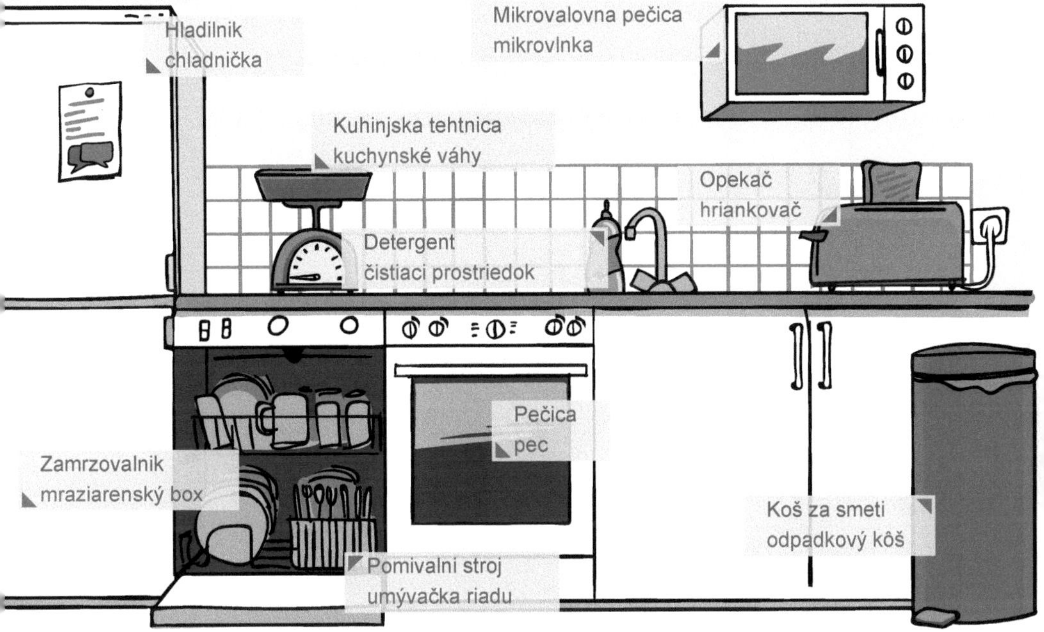

Hladilnik
chladnička
Mikrovalovna pečica
mikrovlnka
Kuhinjska tehtnica
kuchynské váhy
Opekač
hriankovač
Detergent
čistiaci prostriedok
Pečica
pec
Zamrzovalnik
mraziarenský box
Koš za smeti
odpadkový kôš
Pomivalni stroj
umývačka riadu

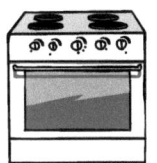

Kozica

sporák

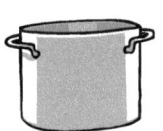

Lonec

hrniec

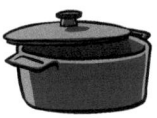

Litoželezni lonec

železný hrniec

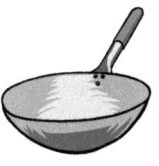

Vok / kadai

wok / kadai

Ponev

panvica

Kotliček

rýchlovarná kanvica

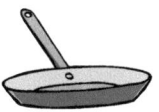

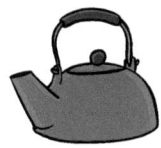

Parni kuhalnik

parný hrniec

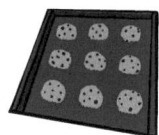

Pekač

plech na pečenie

Posoda

riad

Skodelica

pohár

Skleda

misa

Jedilne paličice

paličky

Zajemalka

naberačka na polievku

Lopatica

stierka

Metlica

metlička

Cedilnik

cedidlo

Cedilo

sitko

Strgalo

strúhadlo

Možnar

mažiar

Žar

gril

Ognjišče

ohnisko

Deska za rezanje

doska na krájanie

Valjar

valček na cesto

Odpirač za steklenice

vývrtka

Pločevinka

konzerva

Odpirač za konzerve

otvárač na konzervy

Prijemalka za posodo

chňapka

Korito

výlevka

Ščetka

kefa

Goba

hubka

Mešalnik

mixér

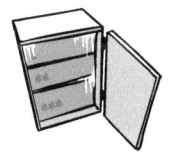

Zamrzovalna skrinja

mraznička

Steklenička

kojenecká fľaša

Pipa

vodovodný kohútik

Kopalnica
kúpeľňa

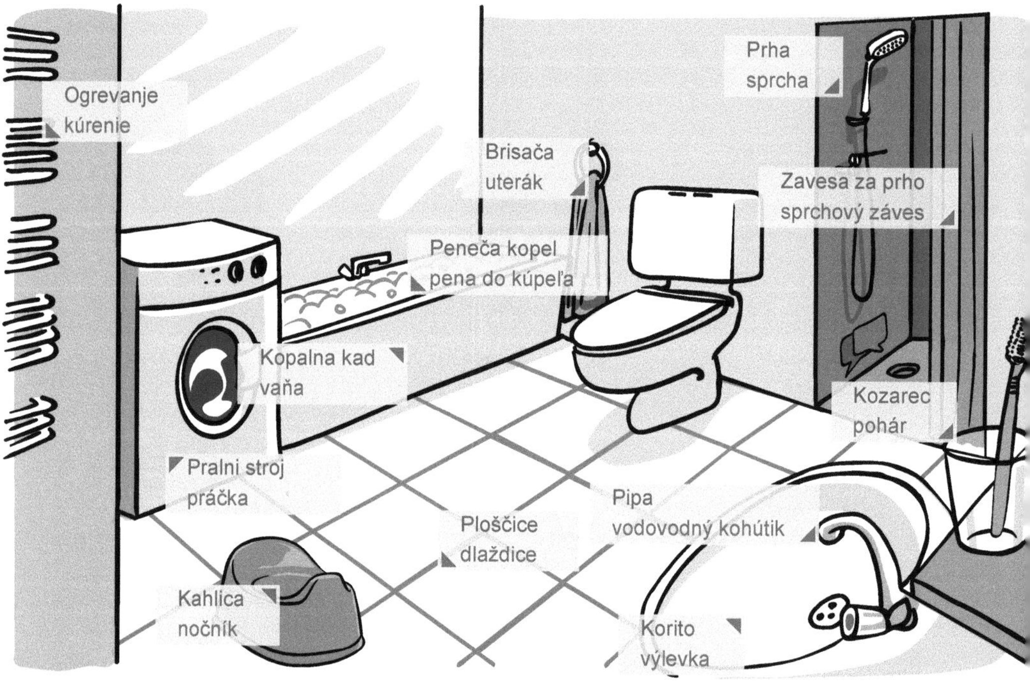

Prha
sprcha
Ogrevanje
kúrenie
Brisača
uterák
Zavesa za prho
sprchový záves
Peneča kopel
pena do kúpeľa
Kopalna kad
vaňa
Kozarec
pohár
Pralni stroj
práčka
Pipa
vodovodný kohútik
Ploščice
dlaždice
Kahlica
nočník
Korito
výlevka

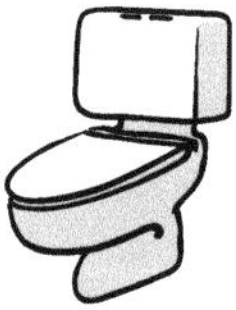

Stranišče

záchod

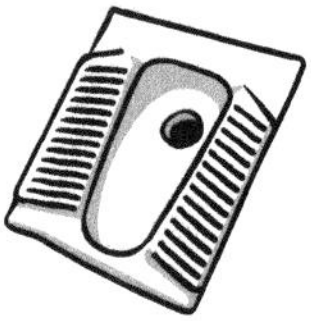

Stranišče na počep

suchý záchod

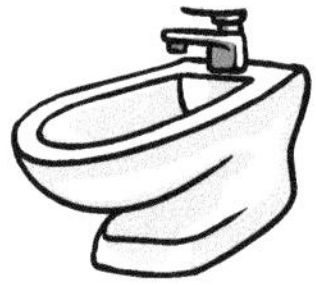

Bide

bidet

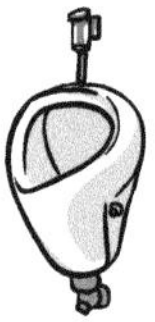

Pisoar

pisoár

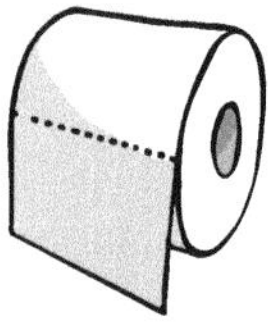

Toaletni papir

toaletný papier

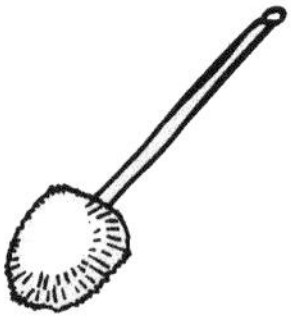

Ščetka za straniščno školjko

záchodová kefa

Zobna ščetka

zubná kefka

Zobna pasta

zubná pasta

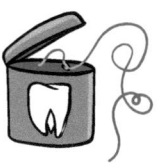

Zobna nitka

dentálna niť

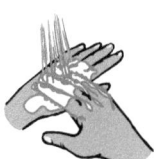

Umiti se

umývať

Ročna prha

ručná sprcha

Prha za intimne dele

sprcha pre intímnu hygienu

Umivalnik

umývadlo

Krtača za hrbet

kefa na chrbát

Milo

mydlo

Gel za prhanje

sprchový gél

Šampon

šampón

Krpica za miljenje

frotírová rukavica

Odtok

odtok

Krema

krém

Deodorant

dezodorant

Ogledalo

zrkadlo

Ročno ogledalo

kozmetické zrkadlo

Britvica

žiletka

Pena za britje

pena na holenie

Vodica po britju

voda po holení

Glavnik

hrebeň

Ščetka

kefa

Sušilnik za lase

sušič vlasov

Lak za lase

sprej na vlasy

Ličila

make-up

Šminka

rúž

Lak za nohte

lak na nechty

Vatirane blazinice

vata

Škarjice za nohte

nožnice na nechty

Parfum

parfum

Toaletna torbica

kozmetická taška

Stol brez naslonjala

stolček

Osebna tehtnica

váha

Kopalni plašč

kúpací plášť

Gumijaste rokavice

gumové rukavice

Tampon

tampón

Damski vložki

menštruačná vložka

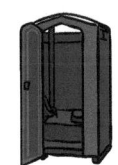

Kemično stranišče

chemické WC

Otroška soba
detská izba

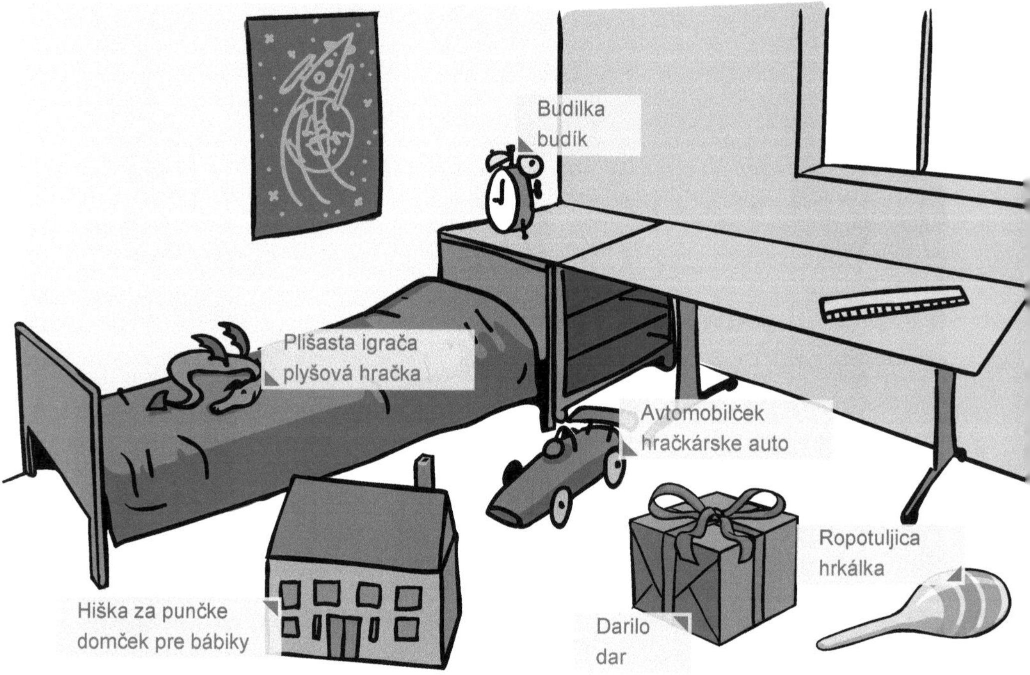
Budilka
budík
Plišasta igrača
plyšová hračka
Avtomobilček
hračkárske auto
Ropotuljica
hrkálka
Hiška za punčke
domček pre bábiky
Darilo
dar

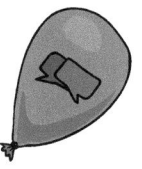

Balon

balón

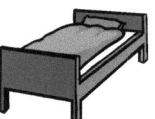

Postelja

posteľ

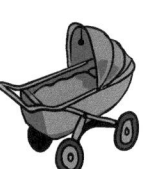

Otroški voziček

detský kočík

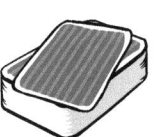

Igralne karte

karty

Sestavljanka

puzzle

SUPER
MEGA

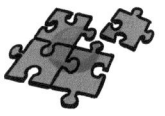

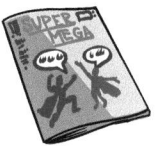

Strip

komix

Lego kocke

skladačka lego

Igralne kocke

stavebnica

Akcijska figura

akčná postavička

Bodi

dupačky

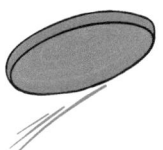

Frizbi

lietajúci tanier

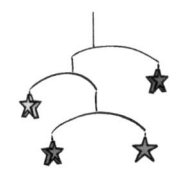

Vrtiljak za posteljico

závesné hračky

Namizna igra

stolová hra

Kocka

kocka

Komplet modelov vlakov

modelový vláčik

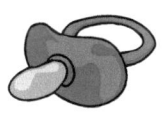

Duda

cumlík

Zabava

párty

Slikanica

obrázková kniha

Žoga

lopta

Lutka

bábika

Igrati se

hrať sa

Peskovnik

pieskovisko

Gugalnica

hojdačka

Igrače

hračky

Igralna konzola

hracia konzola

Tricikel

trojkolka

Plišasti medvedek

medvedík

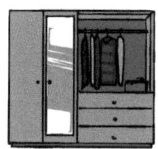

Garderoba

šatník

Oblačilo
šatstvo

Nogavice

ponožky

Samostoječe nogavice

pančuchy

Hlačne nogavice

pančuchové nohavičky

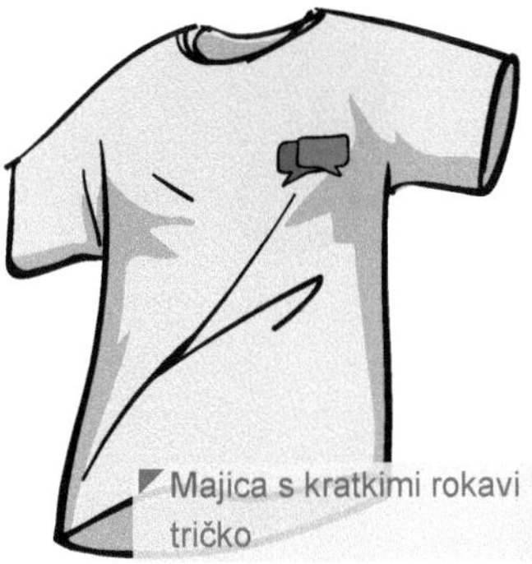

Šal
šál

Pas
opasok

Dežnik
dáždnik

Majica s kratkimi rokavi
tričko

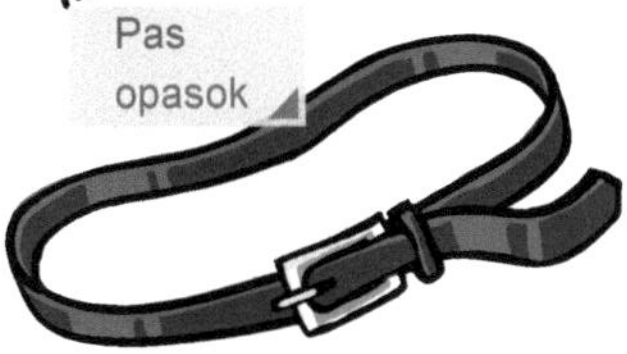

Športni copati
tenisky

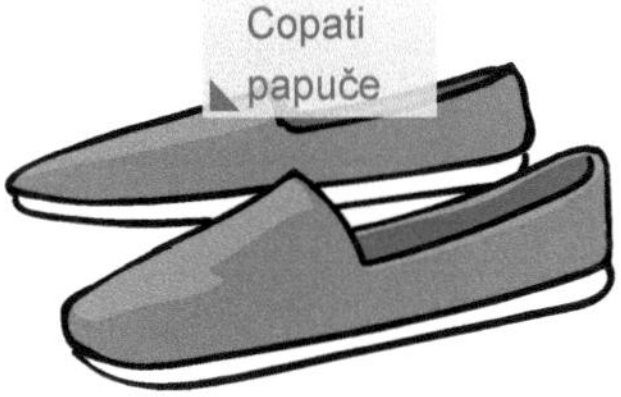

Škornji
čižmy

Copati
papuče

Sandali
....
sandále

Čevlji
....
topánky

Gumijasti škornji
....
gumáky

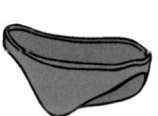

Spodnje hlače
....
spodky

Modrček
....
podprsenka

Telovnik
....
tielko

Oblačilo - šatstvo

45

Bodi

body

Hlače

nohavice

Kavbojke

džínsy

Krilo

sukňa

Bluza

blúzka

Srajca

košeľa

Pulover

pulóver

Pletena jopica

sveter

Jopa

blejzer

Jakna

bunda

Plašč

kabát

Dežni plašč

pršiplášť

Kostim

kostým

Obleka

šaty

Poročna obleka

svadobné šaty

Obleka

oblek

Spalna srajca

nočná košeľa

Pižama

pyžamo

Sari

sari

Naglavna ruta

šatka na hlavu

Turban

turban

Burka

burka

Kaftan

kaftan

Abaja

abaja

Kopalke

dvojdielne plavky

Kopalne hlače

plavky

Kratke hlače

šortky

Trenirka

tepláková súprava

Predpasnik

zástera

Rokavice

rukavice

Gumb

gombík

Očala

okuliare

Zapestnica

náramok

Verižica

retiazka

Prstan

prsteň

Uhan

náušnica

Kapa

čiapka

Obešalnik

vešiak

Klobuk

klobúk

Kravata

kravata

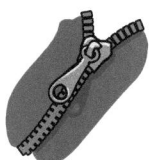

Zadrga

zips

Čelada

prilba

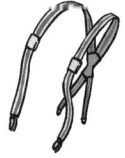

Naramnice

traky

Šolska uniforma

školská uniforma

Uniforma

uniforma

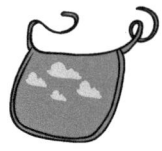

Slinček

podbradník

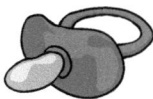

Duda

cumlík

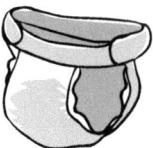

Plenica

plienka

Pisarna
kancelária

Strežnik
server
Kartotečna omara
skriňa na spisy
Tiskalnik
tlačiareň
Papir
papier
Monitor
monitor
Miška
myš
Pisalna miza
písací stôl
Mapa
zakladač
Tipkovnica
klávesnica
Stol
stolička
Koš za smeti
kôš na papier
Računalnik
počítač

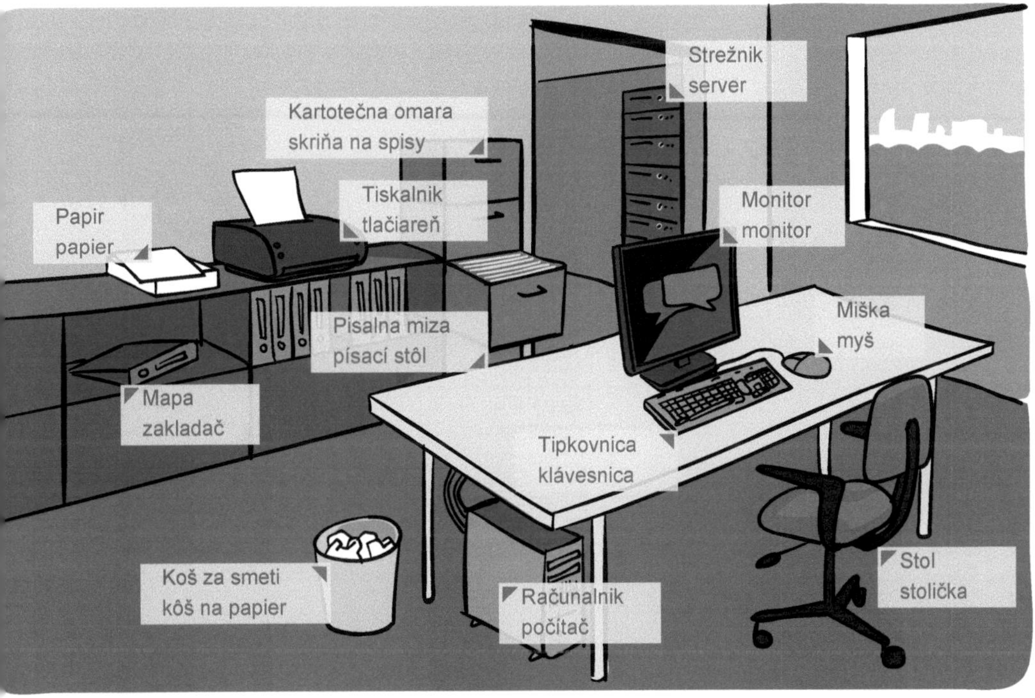

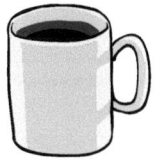

Lonček za kavo

hrnček na kávu

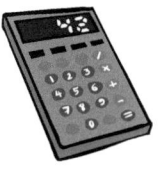

Kalkulator

kalkulačka

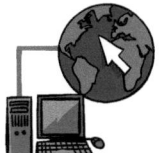

Internet

internet

Prenosnik

laptop

Pismo

list

Sporočilo

správa

Mobilnik

mobil

Omrežje

sieť

Kopirni stroj

kopírka

Programska oprema

softvér

Telefon

telefón

Vtičnica

elektrická zásuvka

Telefaks

fax

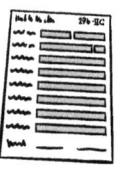

Obrazec

formulár

Dokument

doklad

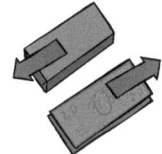

Kupiti

kúpiť

Plačati

platiť

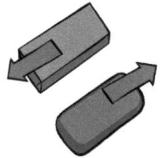

Trgovati

obchodovať

Denar

peniaze

Dolar

dolár

Evro

euro

Jen

jen

Rubelj

rubeľ

Švičarski frank

švajčiarsky frank

Kitajski juan renminbi

čínsky jüan

Rupija

rupia

Bankomat

bankomat

Menjalnica

zmenáreň

Zlato

zlato

Srebro

striebro

Nafta

ropa

Energija

energia

Cena

cena

Pogodba

zmluva

Davek

daň

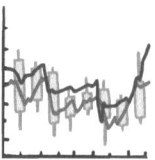

Delnice

akcia

Delati

pracovať

Delojemalec

zamestnanec

Delodajalec

zamestnávateľ

Tovarna

továreň

Trgovina

obchod

Poklici
povolania

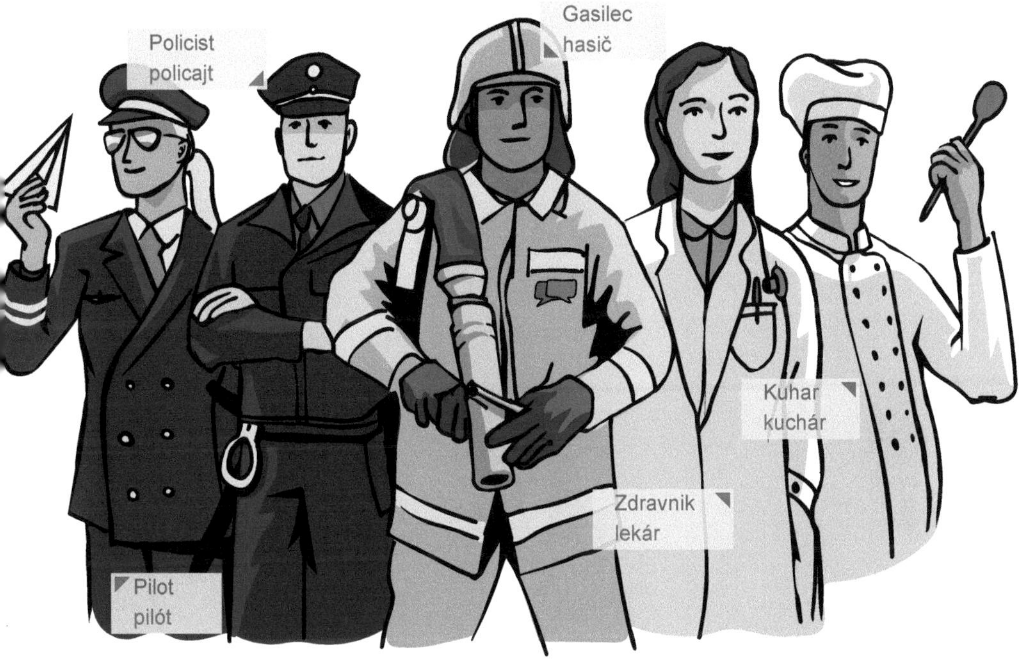
Gasilec
hasič
Policist
policajt
Kuhar
kuchár
Zdravnik
lekár
Pilot
pilót

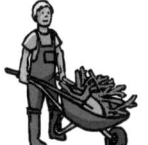

Vrtnar

záhradník

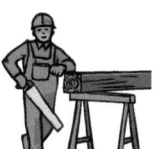

Mizar

stolár

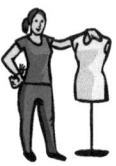

Šivilja

krajčírka

Sodnik

sudca

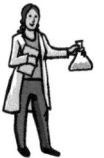

Kemik

chemik

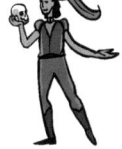

Igralec

herec

Voznik avtobusa

vodič autobusu

Taksist

taxikár

Ribič

rybár

Čistilka

upratovačka

Krovec

pokrývač

Natakar

čašník

Lovec

poľovník

Pleskar

maliar

Pek

pekár

Električar

elektrikár

Gradbenik

stavebný robotník

Inženir

inžinier

Mesar

mäsiar

Vodovodni inštalater

klampiar

Poštar

poštár

Vojak

vojak

Arhitekt

architekt

Blagajnik

pokladník

Cvetličar

kvetinár

Frizer

kaderník

Sprevodnik

sprievodca

Mehanik

mechanik

Kapitan

kapitán

Zobozdravnik

zubár

Znanstvenik

vedec

Rabin

rabín

Imam

imám

Menih

mních

Duhovnik

farár

Orodje
náradie

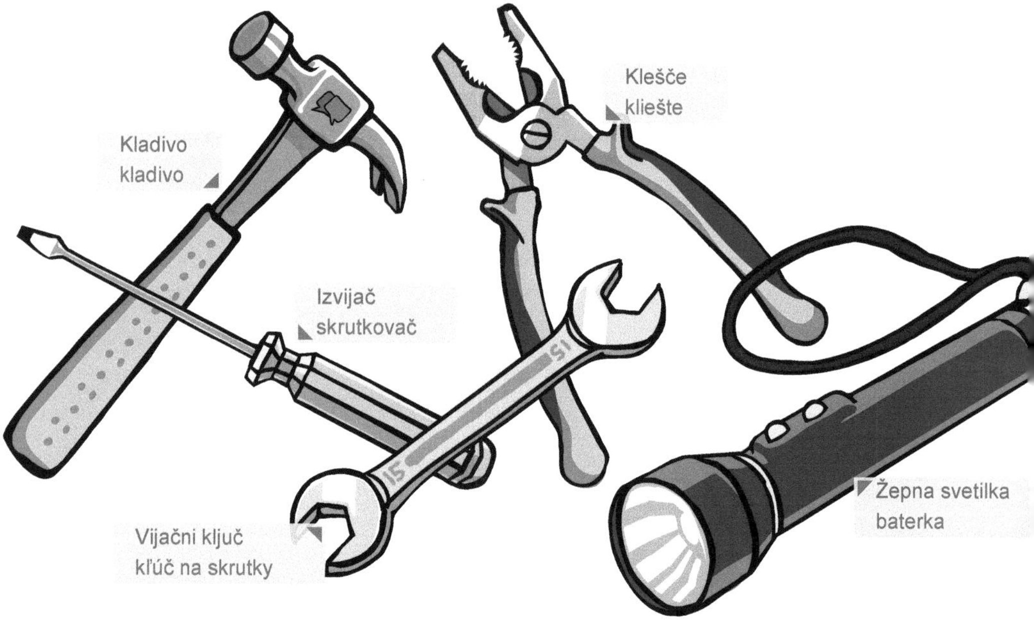
Kladivo
kladivo
Klešče
kliešte
Izvijač
skrutkovač
Vijačni ključ
kľúč na skrutky
Žepna svetilka
baterka

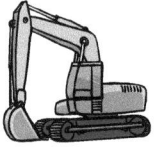

Bager

bager

Zaboj z orodjem

súprava náradia

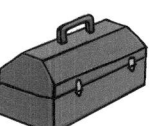

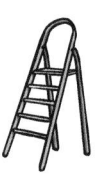

Lestev

rebrík

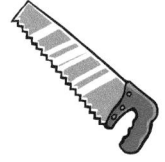

Žaga

pílka

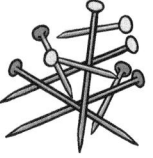

Žeblji

klince

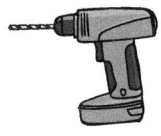

Vrtalnik

vrták

Popraviti
opraviť

Lopata
lopata

Šment!
Do čerta!

Smetišnica
lopatka na smeti

Posoda z barvo
nádoba s farbou

Vijaki
skrutky

Glasbeni instrument
hudobné nástroje

Tolkala
bicie

Zvočnik
reproduktor

Kitara
gitara

Kontrabas
kontrabas

Trobenta
trúbka

Klavir

klavír

Violina

husle

Bas kitara

basa

Pavke

tympany

Bobni

bubon

Sintetizator

klávesnica

Saksofon

saxofón

Flavta

flauta

Mikrofon

mikrofón

Živalski vrt

ZOO

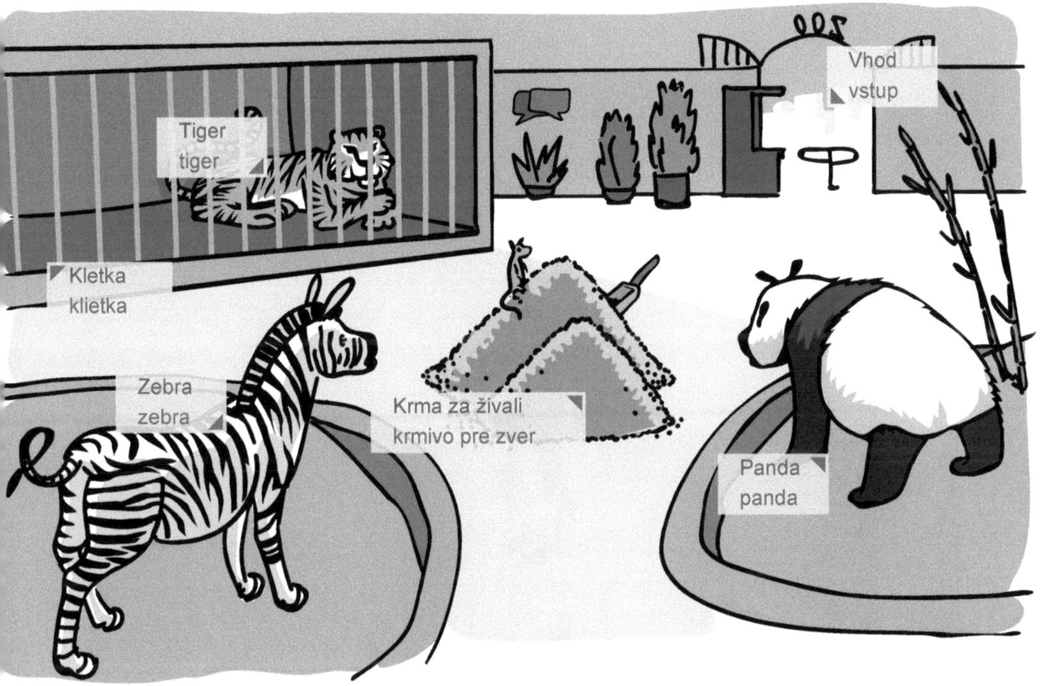

Tiger
tiger
Vhod
vstup
Kletka
klietka
Zebra
zebra
Krma za živali
krmivo pre zver
Panda
panda

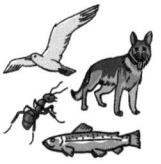

Živali

zvieratá

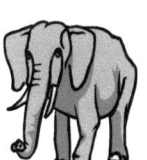

Slon

slon

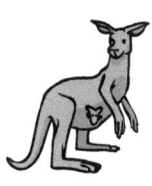

Kenguru

klokan

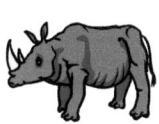

Nosorog

nosorožec

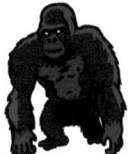

Gorila

gorila

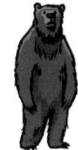

Medved

medveď

Kamela

ťava

Noj

pštros

Lev

lev

Opica

opica

Plamenec

plameniak

Papagaj

papagáj

Severni medved

ľadový medveď

Pingvin

tučniak

Morski pes

žralok

Pav

páv

Kača

had

Krokodil

krokodíl

Oskrbnik v živalskem vrtu

ošetrovateľ v ZOO

Tjulenj

tuleň

Jaguar

jaguár

Poni

poník

Leopard

leopard

Povodni konj

hroch

Žirafa

žirafa

Orel

orol

Divji prašič

diviak

Riba

ryba

Želva

korytnačka

Mrož

mrož

Lisica

líška

Gazela

gazela

Ameriški nogomet
americký futbal

Kolesarjenje
cyklistika

Tenis
tenis

Košarka
basketbal

Plavanje
plávanie

Boks
box

Hokej
hokej

Nogomet
futbal

Badminton
bodminton

Atletika
ľahká atletika

Rokomet
hádzaná

Smučanje
lyžovanie

Polo
pólo

Dejavnosti
aktivity

Skočiti
skočiť
Objeti
objať
Smejati se
smiať sa
Hoditi
chodiť
Peti
spievať
Sanjati
snívať
Moliti
modliť sa
Poljubiti
pobozkať

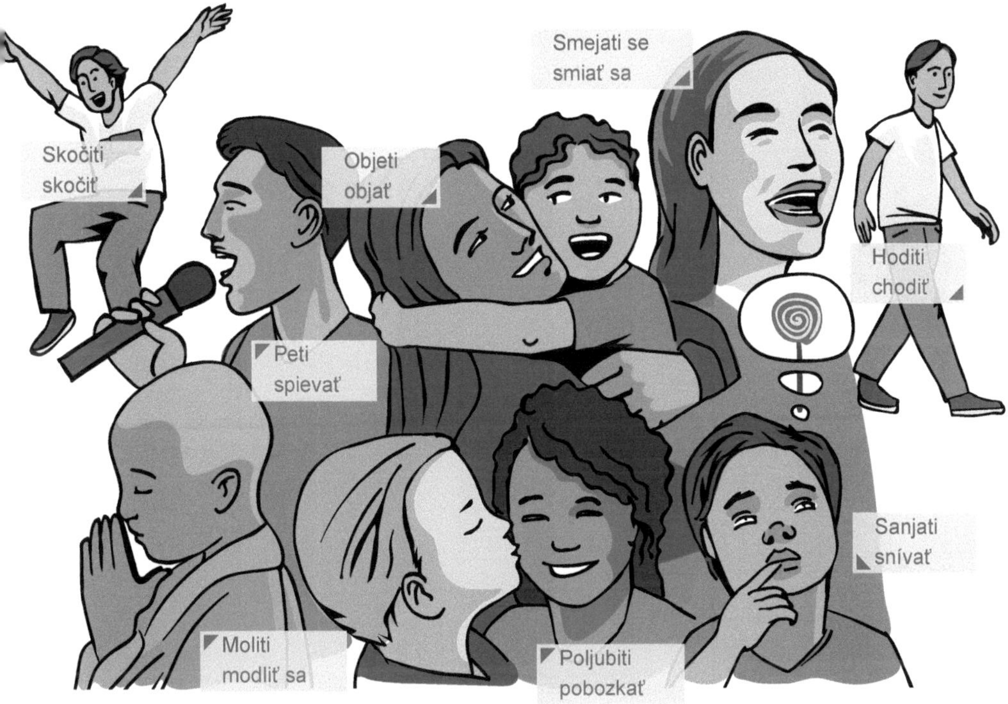

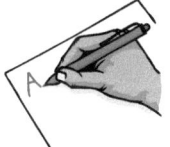

Pisati

písať

Risati

kresliť

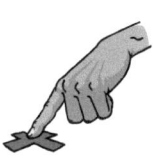

Pokazati

ukázať

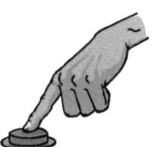

Potisniti

tlačiť

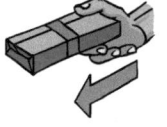

Dati

dať

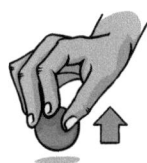

Vzeti

brať

Imeti

mať

Narediti

robiť

Biti

byť

Stati

stáť

Teči

bežať

Vleči

ťahať

Vreči

hádzať

Pasti

padnúť

Ležati

ležať

Čakati

čakať

Nositi

nosiť

Sedeti

sedieť

Obleči se

obliecť sa

Spati

spať

Zbuditi se

zobudiť sa

Gledati

pozerať

Jokati

plakať

Božati

hladkať

Česati se

česať

Govoriti

hovoriť

Razumeti

rozumieť

Vprašati

pýtať sa

Poslušati

počuť

Piti

piť

Jesti

jesť

Pospraviti

upratať

Ljubiti

milovať

Kuhati

variť

Voziti

jazdiť

Leteti

letieť

Jadrati

plachtiť

Računanje

počítať

Brati

čítať

Učiti se

učiť sa

Delati

pracovať

Poročiti se

oženiť

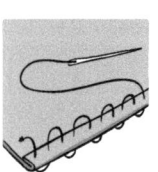

Šivati

šiť

Ščetkati si zobe

čistiť zuby

Ubiti

zabiť

Kaditi

fajčiť

Poslati

poslať

Družina
rodina

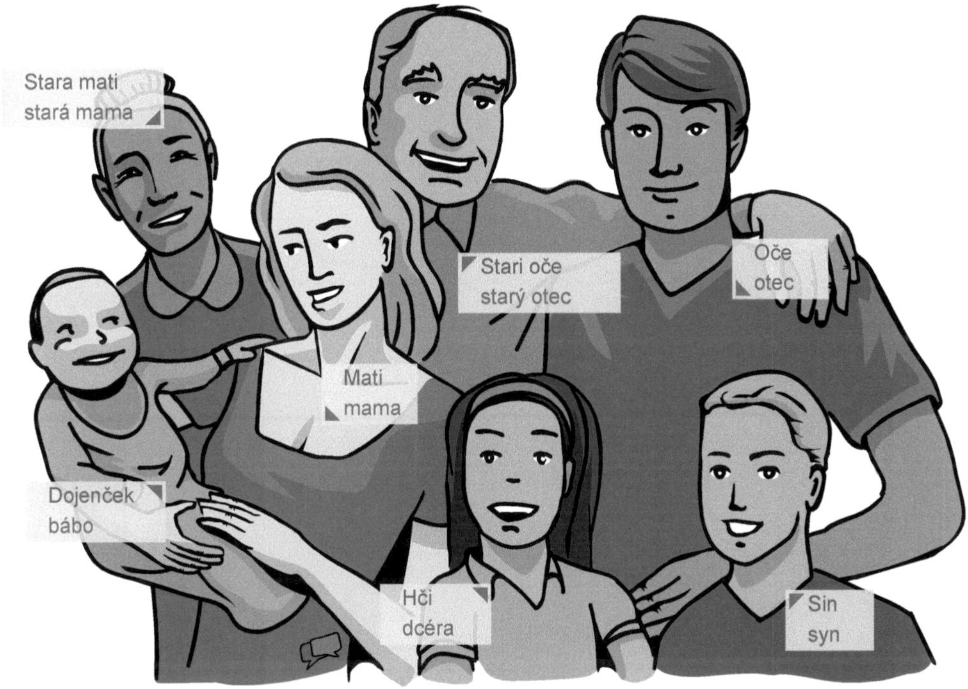
Stara mati
stará mama
Stari oče
starý otec
Oče
otec
Mati
mama
Dojenček
bábo
Hči
dcéra
Sin
syn

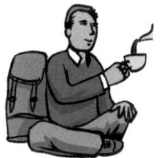

Gost

hosť

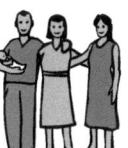

Teta

teta

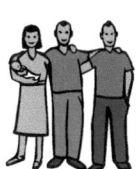

Stric

strýko

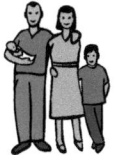

Brat

brat

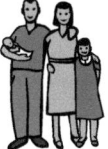

Sestra

sestra

Telo
telo

Čelo
čelo
Oko
oko
Rama
plece
Prst
prst
Obraz
tvár
Brada
brada
Dlan
ruka
Prsi
hruď
Noga
noha
Roka
rameno

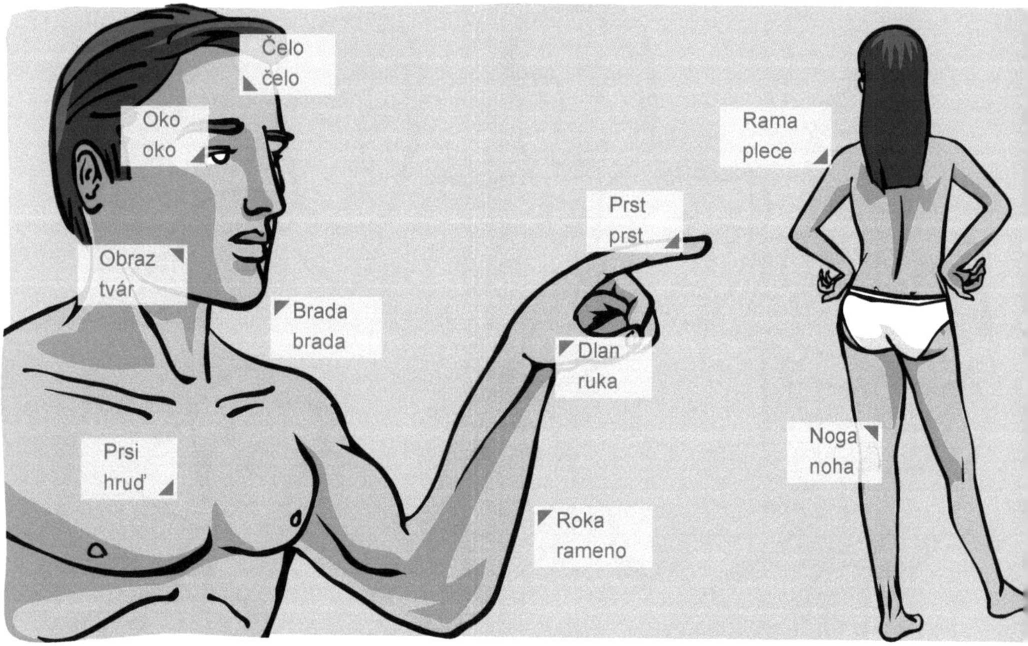

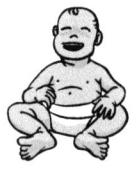

Dojenček
bábo

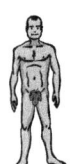

Človek
muž

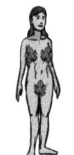

Ženska
žena

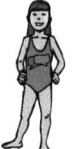

Dekle
dievča

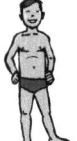

Fant
chlapec

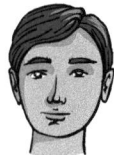

Glava
hlava

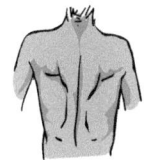

Hrbet

chrbát

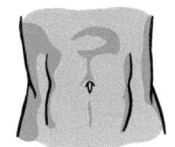

Trebuh

brucho

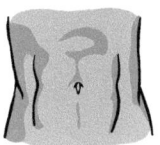

Popek

pupok

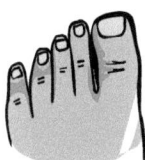

Prst na nogi

prst na nohe

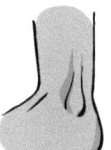

Peta

päta

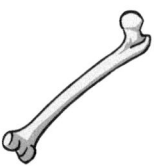

Kost

kosť

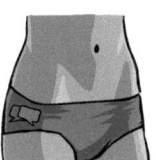

Kolk

bok

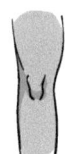

Koleno

koleno

Komolec

lakeť

Nos

nos

Zadnjica

zadok

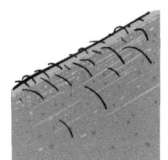

Koža

koža

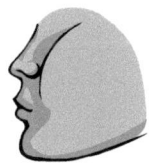

Lice

líce

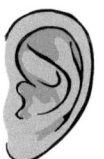

Uho

ucho

Ustnica

pery

Usta

ústa

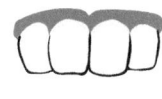

Zob

zub

Jezik

jazyk

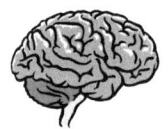

Možgani

mozog

Srce

srdce

Mišica

svaly

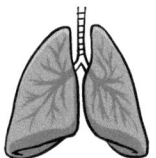

Pljuča

pľúca

Jetra

pečeň

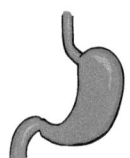

Želodec

žalúdok

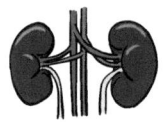

Ledvice

obličky

Spolni odnos

pohlavný styk

Kondom

kondóm

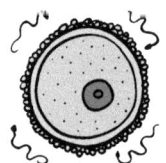

Jajčece

vaječná bunka

Semenska tekočina

semeno

Nosečnost

tehotenstvo

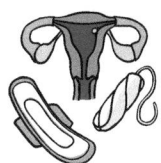

Menstruacija

menštruácia

Vagina

vagína

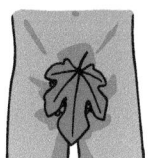

Penis

penis

Obrv

obočie

Lasje

vlasy

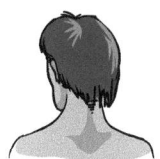

Vrat

krk

Bolnišnica
nemocnica

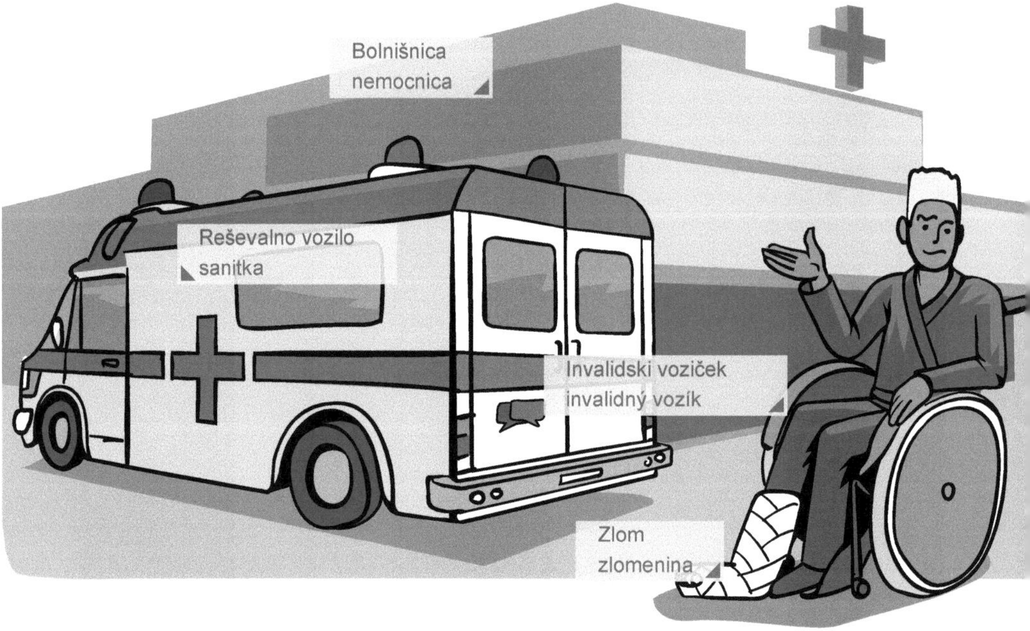

Bolnišnica
nemocnica
Reševalno vozilo
sanitka
Invalidski voziček
invalidný vozík
Zlom
zlomenina

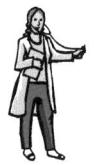

Zdravnik

lekár

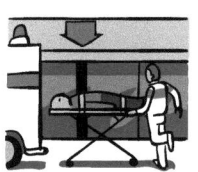

Urgenca

urgentný príjem

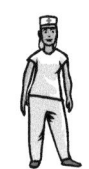

Medicinska sestra

sestrička

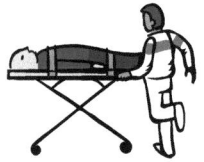

Nujni primer

urgentný prípad

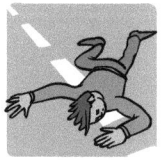

Nezavesten

v bezvedomí

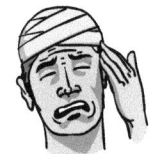

Bolečina

bolesť

Poškodba

zranenie

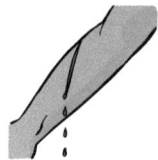

Krvavenje

krvácanie

Srčni infarkt

srdcový infarkt

Kap

mozgová porážka

Alergija

alergia

Kašelj

kašeľ

Vročina

teplota

Gripa

chrípka

Driska

hnačka

Glavobol

bolesť hlavy

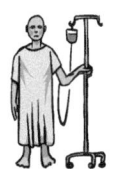

Rak

rakovina

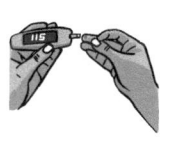

Sladkorna bolezen

cukrovka

Kirurg

chirurg

Skalpel

skalpel

Operacija

operácia

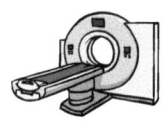

CT
CT

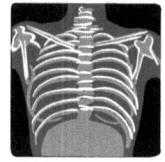

Rentgen
RTG

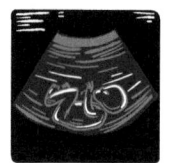

Ultrazvok
ultrazvuk

Obrazna maska
maska

Bolezen
choroba

Čakalnica
čakáreň

Bergla
barla

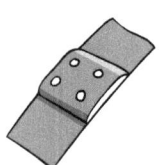

Obliž
náplasť

Preveza
obväz

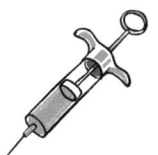

Injekcija
injekcia

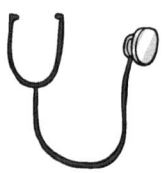

Stetoskop
fonendoskop

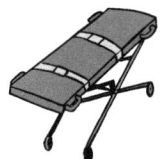

Nosila
nosidlá

Klinični termometer
teplomer

Porod
pôrod

Prekomerna teža
nadváha

Slušni pripomoček

audiofón

Razkužilo

dezinfekčný prostriedok

Okužba

infekcia

Virus

vírus

HIV / AIDS

HIV / AIDS

Medicina

medicína

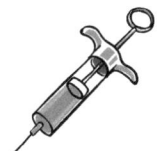

Cepljenje

očkovanie

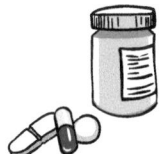

Tablete

tabletky

Tableta

antikoncepčná pilulka

Klic v sili

tiesňové volanie

Merilnik krvnega tlaka

tlakomer

bolano / zdravo

chorý / zdravý

Na pomoč!

Pomoc!

Alarm

alarm

Napad

prepad

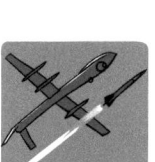

Napad

útok

Nevarnost

nebezpečenstvo

Izhod v sili

núdzový východ

Gori!

Horí!

Gasilni aparat

hasičský prístroj

Nezgoda

nehoda

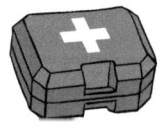

Komplet za prvo pomoč

kufrík prvej pomoci

SOS

SOS

Policija

polícia

Evropa

Európa

Severna Amerika

Severná Amerika

Južna Amerika

Južná Amerika

Afrika

Afrika

Azija

Ázia

Avstralija

Austrália

Atlantski ocean

Atlantický oceán

Tihi ocean

Tichý oceán

Indijski ocean

Indický oceán

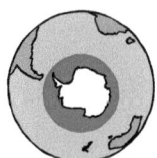

Južni ocean

Južný oceán

Arktični ocean

Severný ľadový oceán

Severni tečaj

Severný pól

Južni tečaj

Južný pól

Antarktika

Antarktída

Zemlja

Zem

Kopno

krajina

Morje

more

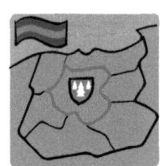

Otok

ostrov

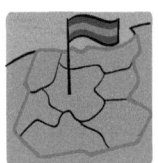

Narod

národ

Država

štát

Številčnica

ciferník

Urni kazalec

hodinová ručička

Minutni kazalec

minútová ručička

Sekundni kazalec

sekundová ručička

Koliko je ura?

Koľko je hodín?

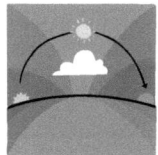

Dan

deň

Čas

čas

Zdaj

teraz

Digitalna ura

digitálne hodiny

Minuta

minúta

Ura

hodina

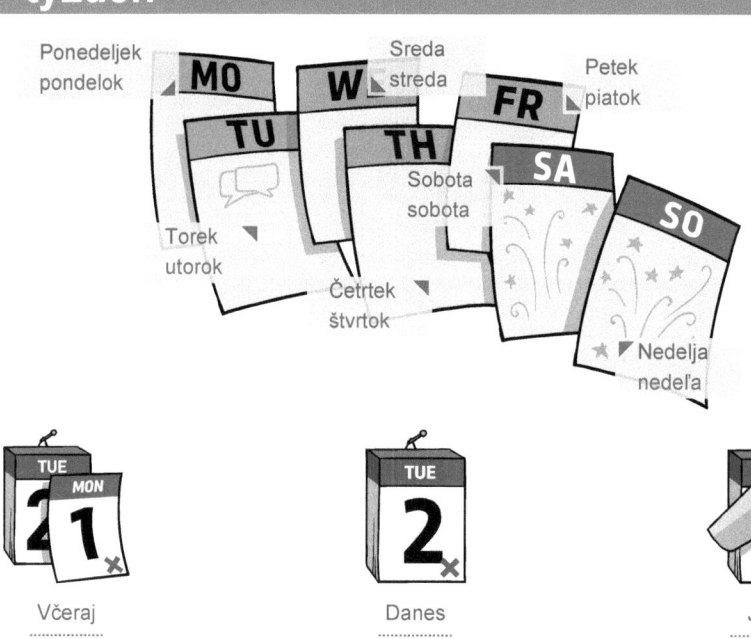

Ponedeljek / pondelok — MO
Sreda / streda — W
Petek / piatok — FR
Torek / utorok — TU
Četrtek / štvrtok — TH
Sobota / sobota — SA
Nedelja / nedeľa — SO

Včeraj
....
včera

Danes
....
dnes

Jutri
....
zajtra

Jutro
....
ráno

Poldne
....
poludnie

Večer
....
večer

MO	TU	WE	TH	FR	SA	SU
1	2	3	4	5	6	7
8	9	10	11	12	13	14
15	16	17	18	19	20	21
22	23	24	25	26	27	28
29	30	31	1	2	3	4

Delovni dnevi
....
pracovné dni

MO	TU	WE	TH	FR	SA	SU
1	2	3	4	5	6	7
8	9	10	11	12	13	14
15	16	17	18	19	20	21
22	23	24	25	26	27	28
29	30	31	1	2	3	4

Konec tedna
....
víkend

Leto
rok

Dež
dážď
Mavrica
dúha
Sneg
sneh
Veter
vietor
Pomlad
jar
Jesen
jeseň
Poletje
leto
Zima
zima

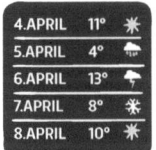

4.APRIL 11°
5.APRIL 4°
6.APRIL 13°
7.APRIL 8°
8.APRIL 10°

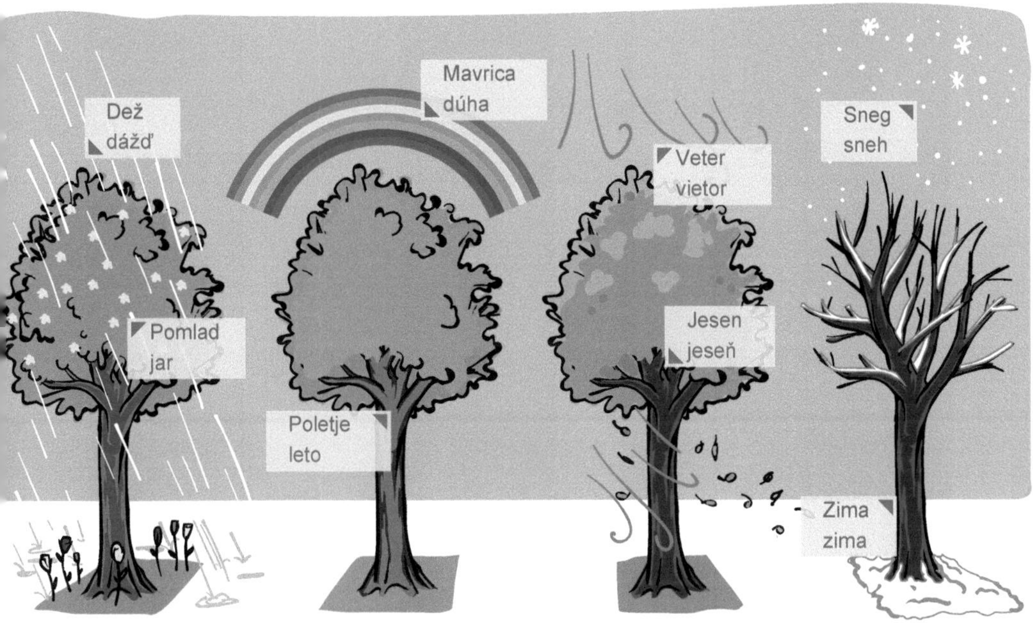

Vremenska napoved

predpoveď počasia

F
C
120
90
60
30
0
-30
40
30
20
10
0
-10
-20

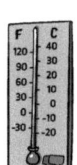

Termometer

teplomer

Sončna svetloba

slnečný svit

Oblak

oblak

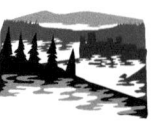

Megla

hmla

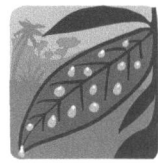

Vlažnost

vlhkosť vzduchu

Strela

blesk

Grom

hrom

Nevihta

búrka

Toča

krúpy

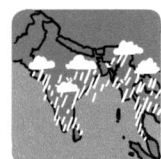

Monsun

monzún

Poplava

záplava

Led

ľad

Januar

január

Februar

február

Marec

marec

April

apríl

Maj

máj

Junij

jún

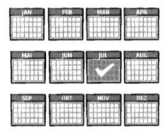

Julij

júl

Avgust

august

September
....
september

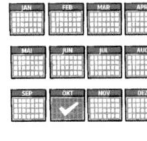

Oktober
....
október

November
....
november

December
....
december

Oblike

tvary

Krogla
....
kruh

Kvadrat
....
štvorec

Pravokotnik
....
obdĺžnik

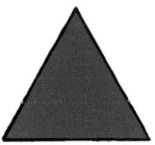

Trikotnik
....
trojuholník

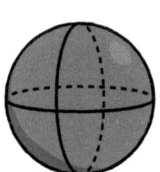

Krogla
....
guľa

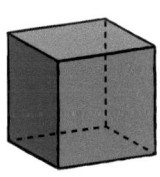

Kocka
....
kocka

Bela

biela

Rumena

žltá

Oranžna

oranžová

Rožnata

ružová

Rdeča

červená

Vijolična

fialová

Modra

modrá

Zelena

zelená

Rjava

hnedá

Siva

šedá

Črna

čierna

veliko / malo

veľa / málo

jezno / umirjeno

zúrivý / pokojný

lepo / grdo

pekný / škaredý

začetek / konec

začiatok / koniec

veliko / majhno

veľký / malý

svetlo / temno

svetlý / tmavý

brat / sestra

brat / sestra

čisto / umazano

čistý / špinavý

popolno / nepopolno

úplný / neúplný

dan / noč

deň / noc

mrtvo / živo

mŕtvy / živý

široko / ozko

široký / úzky

užitno / neužitno

chutný / nechutný

zlobno / prijazno

zlostný / láskavý

vznemirjeno / zdolgočaseno

vzrušený / unudený

debelo / vitko

tlstý / chudý

prvo / zadnje

prvý / posledný

prijatelj / sovražnik

priateľ / nepriateľ

polno / prazno

plný / prázdny

trdo / mehko

tvrdý / mäkký

težko / lahko

ťažký / ľahký

lakota / žeja

hlad / smäd

bolano / zdravo

chorý / zdravý

nezakonito / zakonito

nelegálny / legálny

pametno / neumno

inteligentný / hlúpy

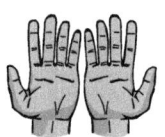

levo / desno

vľavo / vpravo

blizu / daleč

blízko / ďaleko

novo / rabljeno

nový / použitý

nič / nekaj

nič / niečo

staro / mlado

starý / mladý

vklopljeno / izklopljeno

zapnuté / vypnuté

odprto / zaprto

otvorené / zatvorené

tiho / glasno

tichý / hlasný

bogato / revno

bohatý / chudobný

prav / narobe

správne / nesprávne

grobo / gladko

drsný / hladký

žalostno / veselo

smutný / šťastný

kratko / dolgo

krátky / dlhý

počasi / hitro

pomaly / rýchlo

mokro / suho

mokrý / suchý

toplo / hladno

teplý / studený

vojna / mir

vojna / mier

0	**1**	**2**
Ničla	Ena	Dva
nula	jeden	dva

3	**4**	**5**
Tri	Štiri	Pet
tri	štyri	päť

6	**7**	**8**
Šest	Sedem	Osem
šesť	sedem	osem

9	**10**	**11**
Devet	Deset	Enajst
deväť	desať	jedenásť

12
Dvanajst

dvanásť

13
Trinajst

trinásť

14
Štirinajst

štrnásť

15
Petnajst

pätnásť

16
Šestnajst

šestnásť

17
Sedemnajst

sedemnásť

18
Osemnajst

osemnásť

19
Devetnajst

devätnásť

20
Dvajset

dvadsať

100
Sto

sto

1.000
Tisoč

tisíc

1.000.000
Milijon

milión

Angleščina

angličtina

Ameriška angleščina

americká angličtina

Mandarinščina

mandarínska čínština

Hindujščina

hindčina

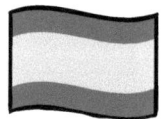

Španščina

španielčina

Francoščina

francúzština

Arabščina

arabčina

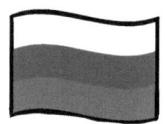

Ruščina

ruština

Portugalščina

portugalčina

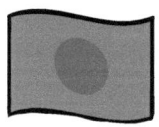

Bengalščina

bengálčina

Nemščina

nemčina

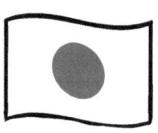

Japonščina

japončina

Jaz
ja

Ti
ty

On / ona / tisto
on/ona/ono

Mi
my

Vi
vy

Oni
oni

Kdo?
kto?

Kaj?
čo?

Kako?
ako?

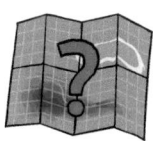

Kje?
kde?

Kdaj?
kedy?

Ime
meno

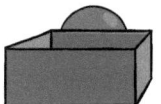

Zadaj

za

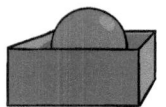

V

v

Pred

pred

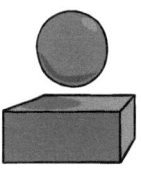

Nad

nad

Na

na

Pod

pod

Poleg

vedľa

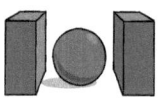

Med

medzi

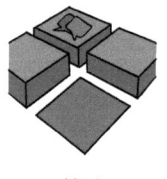

Kraj

miesto